털뭉치퀸 매머드의 스타 앨범

빙하기 스타들의 비밀

북극곰

안녕, 내 이름은 '털뭉치퀸'이야.

이 책은 나와 내 친구들의 앨범이야! 빙하기 시대를 주름잡던
슈퍼스타들을 소개해 줄게. 나도 빙하기에 이름깨나 날렸지.
그래서 그때 남들이 잘 모르던 은밀한 사건과 유명한 일화,
끔찍한 사건들까지 잘 알고 있어. 어때, 재미있겠지?

털뭉치 퀸 매머드의 스타 앨범

빙하기 스타들의 비밀

마이크 벤튼 글
롭 호지슨 그림
이순영 옮김

북극곰

차례

빙하기는 왜 그렇게 추웠을까? 6쪽
털매머드를 녹이는 방법 7쪽
네안데르탈인을 만나다 42쪽
라브레아 타르 웅덩이 44쪽
빙하기 전문 용어 46쪽
찾아보기 47쪽

털매머드 털뭉치퀸 8쪽

이리 나쁜 녀석들 28쪽

유콘 말 오! 로라 29쪽

검치 호랑이 인기 스타 칼이빨 10쪽

큰뿔사슴 뿔왕관 무거뷔 38쪽

자이언트 비버 우리와 두리 40쪽

자이언트 바늘두더지 뾰족 가시 앗따거 34쪽

검치 연어 로꾸거로꾸거 20쪽

도에디쿠루스 강철 스파이크 18쪽

빙하기는 왜 그렇게 추웠을까?

빙하기는 약 260만 년 전에 시작되었어. 과학자들은 홍적세라고 불러.
지구의 기온이 갑자기 떨어져서 오랫동안 낮은 온도가 유지되던 시기야.
북반구에 거대한 얼음 대륙이 만들어졌고 일 년 내내 눈이 덮여 있었어.
우리 매머드들도 추웠으니 말해 뭐해! 으으으~ 생각만 해도 춥다!

우주 공간
지구가 태양 주위를 도는 방식은 변해 왔어. 어떻게 변했는지 알면 빙하기에 왜 그렇게 추웠는지 이해할 수 있을 거야.

천천히 천천히
북극에 가까운 육지에서부터 얼음이 만들어지기 시작했어. 얼음 대륙은 태양 빛을 흡수하지 않고 반사해 버려서 표면이 점점 차가워졌지. 그 결과 더 많은 얼음이 만들어졌어.

공기의 변화
어마어마한 화산 활동도 있었어. 그래서 온실가스 수치가 올랐지. 태양 에너지에도 변화가 생겼어.

사실은!
우리의 멋진 빙하기는 끝나지 않았어. 그저 조금 따뜻한 단계에 온 거야. 과학자들이 충적세라고 부르는 시기 말이야. 너희도 나와 같은 빙하기에 살고 있는 거라고!

털매머드를 녹이는 방법

4만 년 전에 내 조수 '터리마나'가 제 발에 걸려 그만 늪에 빠지고 말았어. 모든 게 얼어붙는 영하의 추위 때문에 '터리마나'는 완벽하게 냉동 상태로 남게 되었지. '터리마나'는 늘 유명해지고 싶어 했어. 나처럼 말이야. 지금 전 세계 과학자들은 '터리마나'를 만나고 싶어 안달이 났어. '터리마나'를 어떻게 녹이는지 알려 줄게.

1. 꽁꽁 언 매머드 데려오기
불쌍한 '터리마나'는 아주 오랜 세월 땅속에 있었어. 정말 조심해서 데려와야 해. 가장 큰 얼음덩어리니까!

2. 시원하게 해 주기
'터리마나'가 상처를 입지 않도록 아주 천천히 살살 녹여야 해. 우선 녹일 준비가 될 때까지 거대한 얼음덩어리를 시원한 저장고에 잘 보관해 둬.

3. 따뜻한 바람 사용하기
어떤 과학자들은 헤어드라이어를 이용해서 따뜻하게 하기도 해.

4. 두 눈을 동그랗게 뜨기
매머드와 함께 언 다른 식물들이 있는지 잘 살펴봐. 그 식물이 '터리마나'의 생활을 보여 주는 놀라운 단서가 될 수도 있거든.

털매머드

털뭉치퀸

북반구

이미 내 소개는 했지? 난 '털뭉치퀸'이야. 내가 빙하기를 안내해 줄게. 난 북반구를 두루두루 다녔으니 나만큼 능력 있는 가이드는 없을 거야. 물론 여행하면서 힘든 적도 많았어. 특히 매머드 고기를 즐겨 먹던 네안데르탈인* 때문에 고생 좀 했지. 하지만 결국 난 살아남았고 항상 모험을 두려워하지 않았어.

내 피부에는 아주 섬세한 털이 겹겹이 있어서 따뜻한 공기를 가둘 수 있어. 튼튼한 붉은 금발 코트는 내 몸을 쾌적하게 감싸 주지. 그 덕에 아무리 추워도 잘 견딜 수 있어. 나랑 전혀 다르게 생긴 매머드를 봤다고? 우리는 색깔이 다양해. 내 사촌 '터리빛나'는 반짝이는 체리색 털로 유명했고, '터리숭숭' 이모는 어두운 털 코트 덕분에 그늘 속에 잘 숨었지.

그대로 멈춰라!

내가 어떻게 생겼는지 아는 친구들도 많을 거야. 내 친척 중 몇몇이 얼음 속에 너무나 잘 보존된 채로 발견되었기 때문이지. 실제로 먹보 몇몇은 배 속에 음식이 그대로 남아 있었대. 2012년에는 어떤 소년이 개와 산책하다가 매머드를 발견했어. 다음엔 누가 우리를 발견할까? 너희들도 찾을 수 있으니 주변을 잘 살펴봐.

화려한 만찬
매머드들은 길고 구부러진 엄니로 눈 속을 파헤쳐서 먹이를 찾아내. 내 엄니는 길이가 무려 4미터였지. 우리 가족은 특히 야생화를 좋아했어. 야생화에는 단백질이 많았거든! 나는 미나리아재비 꽃을 가장 좋아했어. 코로 꽃을 뜯어 먹었지.

매머드가 나무를 닮았다고?
농담 아니야. 내 엄니는 커다란 나무 기둥만큼 두꺼웠어. 엄니 안에 있는 나이테를 세면 내 나이를 확인할 수도 있지.

부활하다
털매머드를 다시 살려 보고 싶지 않니? 어떤 똑똑한 과학자들은 복제 기술을 이용해서 내 DNA(디엔에이)와 가장 비슷한 아시아코끼리와의 관계를 살피고 있어. 다시 털보들의 시대가 올까?

네안데르탈인에 대해 궁금하다면 42쪽으로 가 봐.

검치 호랑이
인기 스타 칼이빨

미국

검치 호랑이는 한 번 보면 절대로 잊을 수 없을 거야! 어마어마한 미소와 28센티미터나 되는 송곳니를 가지고 있으니까. 28센티미터면 이 책 길이랑 거의 비슷해! 그러니 눈에 안 띄겠어? '칼이빨'의 으르렁거리는 소리를 듣느니 차라리 한 번 물리고 말지 하고 생각했다면 실수하는 거라고!

닥치는 대로 먹기

'칼이빨'은 털코뿔소를 너무너무 좋아하지만 털코뿔소가 너무너무너무 커서 한 마리를 통째로 다 먹을 수 없었대. 그래서 주로 사슴, 들소, 낙타 같은 동물을 잡아먹었다지.

소문에 의하면 '칼이빨'은 늘 좋은 치과 의사를 찾아다녔대. 당황스럽게도, 멋진 송곳니가 잘 썩고 잘 부러졌다지 뭐야. 그런데 치과 의사들이 '칼이빨' 주변에 별로 붙어 있질 않았대. 왜 그랬을까?

무지막지한 한 입

'칼이빨'은 뱀처럼 입을 엄청 크게 벌릴 수 있었어. 아주 빠르고 강력하게 상대를 낚아채듯 삼켜 버렸지. 누구든 말이야.

치명적인 고양잇과

'칼이빨'은 두꺼운 목과 짧은 다리를 가졌어. 고양잇과 동물 중에 가장 우아하진 않지. 하지만 몸집이 다부져서 먹잇감에 몰래 접근하기가 쉬웠어.

기간토피테쿠스
거대 유인원 슬렁슬렁

중국

'슬렁슬렁' 씨는 결코 부와 명예를 쫓은 적이 없어. 오히려 부와 명예가 따라왔지. '슬렁슬렁' 씨와 친구들은 히말라야 산에서 조용하고 평화롭게 살고 싶었대. 그런데 히말라야에 사는 설인 이야기가 퍼지기 시작했어. 갑자기 온 세상 사람들이 불쌍한 '슬렁슬렁' 씨를 한번 보겠다고 찾아왔지 뭐야. '슬렁슬렁' 씨를 설인이라고 생각했나 봐. '슬렁슬렁' 씨는 찾아오는 손님들을 인내심을 가지고 대했어. 제발 '슬렁슬렁' 씨에게 사인해 달라고 하지 마!

산속 은둔자
'슬렁슬렁' 씨는 단순하고 소박한 삶을 즐겼어. 먹는 걸 가장 좋아했지. 나처럼 '슬렁슬렁' 씨도 음식이 엄청 필요했어. 씨앗, 과일, 대나무 같은 채식주의 식단을 즐겼어. 가만히 앉아서 명상을 즐기거나 네 발로 어슬렁어슬렁 걸어 다니는 것도 좋아했지.

원대한 꿈

'슬렁슬렁' 씨는 일어서면 키가 3미터가 넘었어. 몸무게는 500킬로그램이 넘었지. '슬렁슬렁' 씨는 자기보다 덩치가 작은 친척들처럼 나무에 오르고 싶어 했어. 하지만 몸집이 너무 커서 불가능했지. 그래도 '슬렁슬렁' 씨는 꿈을 포기하지 않았어. 부러진 나무들의 흔적이 바로 그 증거야.

오해

'슬렁슬렁' 씨는 히말라야 설인으로 오해받았지만 가끔은 용으로 오해받기도 했어. '슬렁슬렁' 씨의 이빨이 중국에서 처음 발견되었거든. 생전에 그 얘기를 들었다면 얼마나 황당했을까?

자이언트 북극곰
우유 빛깔 랄랄라

북극

'랄랄라'는 노래하는 걸 무척 좋아했어. 솔직히 말해서 노래라고 하긴 좀 그래. 으르렁대는 소리 같기도 하고 우리를 부르는 소리 같기도 했거든. 네 발로 서 있어도 키가 1.8미터가 넘고 몸길이는 3.6미터나 되고 몸무게는 1.1톤이 넘었어. 육지에서 가장 큰 육식 포유동물이 노래라고 하면 그런 거지 뭐. '랄랄라'를 기분 나쁘게 해서 좋을 게 없겠지?

유명 가수들처럼 '랄랄라'에게는 지켜야 하는 이미지가 있었어. 늘 두툼한 흰색 코트를 입었지. 코트는 기름기가 많아서 물기가 스며들지 않았고, 눈처럼 보여서 위장도 가능했어. 팬이나 먹잇감이 다가오면 깜짝 놀라게 할 수 있었대.

이사

믿을 수 없겠지만 자이언트 북극곰은 원래 북극에 살지 않았어. 처음에는 영국에서 살다가 점점 북쪽으로 옮겨 갔고 혹독한 환경에도 점차 적응하게 되었대.

헤엄치는 방법
유명 스타 '랄랄라'는 체력 관리에도 신경을 썼어. 매일 아침 차가운 북극해에서 수영을 했지. 하지만 걱정 마. 두꺼운 지방층이 몸을 따뜻하게 감싸 주었거든. 물갈퀴가 달린 발은 노 같아서 물속에서 엄청 빨리 이동할 수 있었어.

고기를 찾아
자이언트 북극곰은 고기를 엄청 많이 먹었어. 시간이 지나면서 몸집이 커질수록 점점 더 큰 먹이를 찾아야 했지. 가끔 다른 포식자들이 잡은 동물까지도 찾아서 먹었대. '랄랄라'도 우리처럼 배가 부를 때 큰 행복을 느꼈지.

티타노보아

악동 꾸울꺽

콜롬비아

난 '꾸울꺽'을 한 번도 만난 적이 없어. 하지만 소문은 많이 들었지. 엄청 악랄하다고 말이야. '꾸울꺽'은 빙하기 악동 중에 악동이었거든. 누구나 싫어하는 악동!

'꾸울꺽'의 악명은 어느 파티에서 시작되었어. 참석자들에게 강한 인상을 남기기 위해 악어를 한입에 꿀꺽 삼켜 버렸대. 그다음부터 재미가 들려 아침, 점심, 저녁으로 악어를 한 마리씩 해치웠다지? 물론 중간중간에 물고기 간식도 먹었고!

살금살금 다가가

'꾸울꺽'은 주변 자연환경에 완벽하게 어울릴 수 있었어. 눈에 안 띄고 먹잇감에 얼마나 가까이 다가갈 수 있는지 시험하는 게 취미였지. 아마존강에 반쯤 잠겨서는 뭘 할까 궁리하는 걸 가장 좋아했다지.

영원한 건 없다

아무도 '꾸울꺽'을 냉혹하다고 비난할 수 없어. 차가운 피를 가지고 태어났는데 어쩌겠어? 하지만 '꾸울꺽'의 명성은 오래가지 못했어. 빙하기에 들어 기온이 급격하게 떨어졌기 때문이야. '꾸울꺽' 같은 파충류에겐 절망적인 소식이었지.

초특대

티타노보아는 지구상에 살던 뱀 중에서 가장 큰 뱀이었어. 길이가 13미터까지 자랐지. 버스 길이만 한 거야! 무게도 1.3톤이나 나갔대.

도에디쿠루스

강철 스파이크

볼리비아

평생을 초식 동물로 살던 강철 '스파이크'는 싸움도 엄청 많이 했어. 아마 초식 동물 중에선 남아메리카에서 가장 성격이 고약했을 거야. 최고의 무기는 단단하고 무거운 꼬리였지.

중세 기사들처럼 '스파이크'도 덩치가 크고 힘이 세 보였어. 그렇지 않았다면 짧은얼굴곰들 사이에서 오래 버티지 못했을 거야. 생김새도 무시무시했지. 앞니가 없어서 웃으면 아주 못돼 보였거든.

완벽한 보호 장비
인간이 만든 어떤 장비도 도에디쿠루스의 단단한 껍데기를 따라갈 수 없었어. 작은 뼈들이 연결되어 있는 판이었는데 놀라울 정도로 유연했어. 이 껍데기는 2백 만 년 후에도 전혀 손상되지 않은 채 발견되었지.

철저한 준비 정신
도에디쿠루스는 낙타처럼 등에 있는 껍데기 바로 아래에 음식을 저장해 두었어. 덕분에 매서운 추위에도 끄떡없었지.

기사의 꼬리
'스파이크'의 꼬리는 길이가 4미터에 무게가 2톤이나 나갔어. 어떤 싸움에서도 이길 수 있었지. 뾰족뾰족한 곤봉 같은 꼬리로 이리저리 적들을 후려쳤어.

김치 연어
로꾸거로꾸거
미국

'로꾸거로꾸거'는 실 대회 학교에서 영웅이 되었어.
강물을 거슬러 헤엄치는 방법을 알아냈거든.
상류엔 알을 낳기 좋은 자갈 침대가 있었대.
물고기들은 폭포에 다다르면 그길로 끌어다고
생각했어. 하지만 '로꾸거로꾸거'는 그길로 점프하기
시작했지. 마침내 '로꾸거로꾸거'가 폭포를
뛰어올랐고 다른 물고기들도 따라 오르기 시작했어.
'로꾸거로꾸거'의 용감한 도전을 보고 모두
감동받았지. 그래서 오늘날까지도 연어들은
'로꾸거로꾸거'를 기념하기 위해 폭포를 거슬러
뛰어오르는 거래.

아빠 옥아

오늘날 연어처럼 수컷 검치 연어는
알을 지키는 임무를 맡았어.
로꾸거로꾸거는 다른 수컷이 가까이
다가오면 뾰족한 송곳니를 무기로
사용했지.

송곳니 부자

'로무거로무거'를 만나기 전까지는 생각만 해도 내 이빨이가 덜덜 떨렸어. 실제로 무시무시한 송곳니와 큰 몸집 때문에 무서워 보이긴 했어. 몸길이가 2미터가 넘고 몸무게도 1772킬로그램이나 나갔으니까. 하지만 알고 보니 '로무거로무거'는 파도타기를 즐기는 느긋한 서퍼였어. 누굴 겁주려는 의도도 없었대.

편안한 휴식

'로무거로무거'는 강물을 거슬러 헤엄치지 않을 때에는 태평양에서 친구들과 편안하게 쉬는 걸 좋아했어. 가장 좋아하는 푸르른 물을 마음껏 먹으면서 말이야.

스텝 들소
한판승 아뿔싸

알래스카

'아뿔싸'는 빙하기에 가장 엄격하기로 소문난 훈련소를 운영했어. 유럽, 중앙아시아, 베링해 지역 그리고 북아메리카에서 체력 단련 프로그램을 가르쳤지.

'아뿔싸'는 요즘 들소와 무척 닮았지만 크기는 달랐어. 키가 4.5미터로 무지하게 컸지. 뒷다리가 아주 길었고 거대한 뿔도 있었어. 등에 혹도 있었고.

사자와의 한판 승부

어느 날 '아뿔싸'가 배고픈 베링 사자와 한판 붙었어. 그때부터 모든 동물 입에 오르내리기 시작했지. '아뿔싸'가 사자를 이겼거든. 하지만 '아뿔싸'의 사촌 '쥐뿔이'는 그렇게 운이 좋지는 않았지. '쥐뿔이'가 죽은 지 3만 6천 년 만인 1979년에 알래스카 금광에서 발견되었어. 광산에 있던 미네랄 때문에 '쥐뿔이'의 얼굴은 파랗게 변해 있었지. '쥐뿔이'를 발견한 인간들은 '파란 쥐뿔이'라고 이름을 붙였어.

그림 모델이 되다

인간이 만든 초기 미술 작품들 중 몇 가지는 스텝 들소에게서 영감을 받았대. 스페인 알타미라 동굴과 프랑스 라스코 동굴에서 벽화가 발견되었지.

사라지다

'아뿔싸'는 고령이 될 때까지 살았지만 다른 스텝 들소들은 그렇지 못했어. 어떤 들소는 네안데르탈인 같은 포식자들에게 사냥을 당했지. 스텝 들소들은 아마 사냥을 너무 많이 당해서 멸종했을 거야.

자이언트 땅늘보
천하태평 둘둘마라

남아메리카

너희들은 혀를 말 수 있니? 약 190만 년 전에 '둘둘마라'는 길고 유연한 혀로 다양한 모양을 만들 수 있었어. 기네스북에 오르는 것보다 더 좋았지. 열매와 나뭇잎을 따 먹기에 완벽했거든.
'둘둘마라'는 땅바닥에서 어슬렁대기보다 나무 위 이파리와 열매들 사이에서 느긋하게 쉬고 싶어 했어. '둘둘마라'는 후손인 나무늘보가 자기의 꿈을 이뤘다는 사실을 알면 무척 기뻐할 거야. 땅늘보인 '둘둘마라'도 요즘 나무늘보처럼 아주 천하태평이었지.

배고픈 인간들

'둘둘마라'는 싸움을 좋아하지 않았어. 그렇다고 네안데르탈인들이 자신들에게 창을 던져 대는 걸 막을 순 없었지. 땅늘보들은 조용하게 살고 싶었지만, 네안데르탈인들에게 땅늘보는 쉬운 먹잇감이었어. 몰래 접근해서 사냥할 수 있었으니까.

먹보

'둘둘마라'는 늘 배가 고팠어. 먹이를 잘 찾는 것으로 아주 유명했지. 뒷다리로 서서 긴 발톱을 높은 나뭇가지에 고리처럼 걸어 입으로 끌어당겼어.

나무에 오르고 싶어

'둘둘마라'는 몸집이 코끼리만 했어. 나무 위에서 살기에는 너무 컸지. 하지만 어린 시절부터 나무 꼭대기에 올라가 사는 게 소원이었대. 낮은 나뭇가지에 자꾸 올랐어. 결과는 엄청난 재앙이었지! 다행히 두껍고 덥수룩한 털 덕분에 나무에서 떨어질 때 충격이 덜했대.

북극 얼룩 다람쥐

팬클럽 보송이들

러시아

북극 얼룩 다람쥐 '보송이'들은 1천 만 년 전쯤 거대 유인원 '슬렁슬렁' 씨에게 사인을 받으려고 졸졸 따라다니다가 서로 알게 되었어. 그때부터 스타들을 쫓아다녔대.

추운 겨울이 좋아

북극 얼룩 다람쥐는 겨울잠을 자는 동안 체온이 영하 2.9도까지 떨어져. 봄이 되면 굴에서 나와 지난 가을에 저장해 둔 씨앗이나 풀을 먹지. 물론 신선한 버섯이나 벌레도 먹고.

다람쥐 스타일

북극 얼룩 다람쥐는 패션에 민감했어. 여름에는 빨강이나 노랑으로 털색을 유지했고, 가을에는 반짝이는 은색으로 털갈이를 했어.

북극 얼룩 다람쥐는 성공하려면 반드시 덩치가 클 필요가 없다는 걸 증명해 주었어. 키가 39센티미터였거든. 우리 가족이 멸종하고 수십 년이 흐른 뒤에도 북극권과 북반구에서 여전히 스타들을 쫓아다니며 살았대. 정말 끈질기지?

통로 만들기

북극 얼룩 다람쥐는 50마리까지 무리 지어 살았어. 긴긴 겨울에는 7~8개월 동안 지하 통로에서 함께 겨울잠을 자며 버텼지. 오래 잠자기 대회가 있다면 분명 북극 얼룩 다람쥐가 상을 모조리 휩쓸었을 거야.

이리
나쁜 녀석들

캐나다

무시무시한 이리 떼 '나쁜 녀석들'은 현재의 캐나다 앨버타 지역에서부터 볼리비아까지 말썽을 부리고 다녔어. 초원, 숲, 사바나 등 지역을 가리지 않고 몰려다니며 사냥을 했지. 겁이 너무 없었다고나 할까? '나쁜 녀석들'의 사냥 기술은 뛰어났어. 오늘날 얼룩 이리도 여전히 무리 지어 다니며 자기보다 훨씬 큰 동물을 사냥하지.

완벽한 포식자

이리는 짧지만 옆으로 긴 이마와 강력한 턱을 가지고 있어서, 쳐다만 봐도 무서웠어. 나도 겁났다니깐! 늑대 중에서는 가장 덩치가 큰 녀석들이지. 고기를 물어뜯을 수 있는 큰 이빨을 보면 나도 모르게 뒤돌아서 도망가고 싶어지더라고. 이리들이 말과 들소를 먹는다는 건 알고 있었지. 어쩌면 나 같은 매머드도 녀석들 식단에 올랐을 것 같은 불길한 예감이 들어.

유콘 말

오! 로라

캐나다

'오! 로라'는 스타 중의 스타였어. 찰랑찰랑한 금발 갈기와 하얀 겨울 코트가 돋보였지. 여러 친구들, 대가족과 함께 추운 스텝 지역에서 삶을 즐겼어. 요즘에도 볼 수 있는 야생말이나 훈련된 말들은 '오! 로라'의 후손들이야.

가족 구성원

오늘날 야생말들처럼 유콘 말들은 대가족을 이루어 살았어. '오! 로라'의 무리에는 가족의 중심인 수말과 여러 암말, 새끼가 있었지.

세계 기록

지금까지 분석한 DNA 중에 가장 오래된 DNA가 바로 70만 년 된 유콘 말 화석에서 뽑아낸 DNA래.

자이언트 짧은얼굴곰

씩씩이 다내꺼

멕시코

말하기 좀 그렇지만 짧은얼굴곰 '다내꽁'은 남들을 자주 괴롭히는 편이었어. 날 괴롭힌 적은 한 번도 없었어. 자기보다 더 작은 애들만 골라서 괴롭혔지.

직접 사냥할 수 있으면서도 꼭 다른 애들이 사냥할 때까지 기다렸다가 먹잇감을 가로챘다니까. 길고 튼튼한 뒷다리로 몸을 한껏 늘리며 서서는 사나운 얼굴로 먹이를 훔쳤지. 키가 4.3미터나 되는 거구가 딱까지 펼쳐 들면 누구든 무섭지 않겠어. 다들 먹잇감을 두고 도망가기 바빴지.

왕성한 식욕

물론 '다내꽁'이 잘했다는 건 아니야. 그럴 만한 이유가 있었지. 몸무게가 900킬로그램이 넘기 때문에 살기 위해서는 하루에 16킬로그램 이상을 먹어야 했대. 그만한 먹이를 찾는 것도 힘들지. 다행히 긴 코로 몇 킬로미터 밖에서도 죽은 동물 냄새를 맡을 수 있었대.

자유로운 떠돌이

'대내꽁'은 북아메리카 서쪽의 고지대 초원을 누비며 먹이를 훔쳐 먹고 다녔어. 멕시코에서부터 알래스카, 유콘까지 무척 넓은 지역을 떠돌아다녔지. 쉬지 않고 며칠씩 걸음을 수 있었대.

장점

어느 날, '대내꽁'이 호기심 많은 네안데르탈인 무리를 쫓아 버렸어. 우리는 그날부터 '대내꽁'이 남들을 괴롭히고 다니던 못사해 주기로 했지. 네안데르탈인들은 '대내꽁'이 베풀 해햄의 순찰대라는 사실을 알고도 허둥지둥 도망갔대!

자이언트 테라톤

나라올라

아르헨티나

'나라올라'는 중신세 후기에 살던 액션 영웅이야. 하늘을 나는 새 중에서 가장 큰 새로 알려져 있지. 날개폭이 7미터에 달했어. 작은 비행기 크기만 했고 앨버트로스 날개폭의 두 배만 한 길이였지.

괴팍한 성격

테라톤이라는 이름은 괴물새를 뜻해. '나라올라'는 이름처럼 살았어. 갑자기 땅으로 내려와서는 작은 쥐나 도마뱀을 낚아채 통째로 삼켜 버렸다니까!

신기록 제조기

거대한 몸으로 하늘을 나는 건 쉽지 않았어. 이륙하려면 경사를 따라 내려가다가 바람을 이용해서 공중에 몸을 띄워야 했거든. 행글라이더가 뜨는 원리랑 똑같아. 한 번 하늘에 뜨면 안데스산맥에서부터 아르헨티나 팜파스 초원까지 날아갈 수 있었지.

우아한 날갯짓

테라톤은 엄청 높이 날아오를 수 있었어. 먹이를 찾는 동안 150센티미터의 긴 날개를 이용해서 움직임을 조절할 수 있었대.

자이언트 바늘두더지
뾰족 가시 앗따거

서부 호주

'앗따거'는 자기방어의 달인이었어. 동물들은 놀라운 방어 기술을 배우기 위해 호주 오지에 있는 '앗따거' 집까지 찾아오곤 했지. '앗따거' 등에 있는 무시무시한 가시가 바로 '앗따거'가 가장 좋아하는 무기 중 하나야. 땅속에 튼튼한 네 다리를 묻고 몸을 공처럼 말면 등에 난 가시만 보였어. 그럼 아무도 '앗따거'를 움직일 수 없었지. 포식자들도 기다리다 지쳐 버렸대.

놀라운 혀
벌레, 곤충, 애벌레, 개미는 '앗따거'가 가장 좋아하는 간식이야. 50센티미터나 되는 긴 혀로 한 끼에 개미집 하나쯤은 쉽게 먹어 치울 수 있었어. 정말 놀랍지?

양만 한 크기

'앗따거'는 몸무게가 약 30킬로그램 정도 나가. 요즘으로 치면 양이랑 몸집이 비슷하지. 아주 긴 뒷다리로 서서 앞다리 발톱을 이용해 흰개미 집을 파헤칠 수 있었어.

퍼글처럼

'앗따거'는 어렸을 때부터 자신을 잘 보호했어. 어린 바늘두더지는 퍼글(퍼그와 비글의 잡종견-옮긴이)이라고 불렸지. 등에 가시가 자라기 시작할 때까지 엄마 주머니 속에서만 지냈거든. 완벽하게 보호받았지.

털코뿔소
털보 쿵쿵이

유럽

누구나 '쿵쿵이'를 만나면 사랑하게 될 거야. '쿵쿵이'는 자연을 사랑했어. 그 마음이 코뿔소 후손들에게 대대로 전해졌지. '쿵쿵이'는 다른 동물들에게도 야생에 대해 가르쳐 주었어.

털코뿔소는 나처럼 풀을 엄청 먹었어. 털 코트를 입어서 영하의 추위에도 견딜 수 있었지. 다리는 짧고 귀는 작아서 추위에 노출되는 부분이 적었어. 두툼한 털 코트에는 왁스와 기름 성분이 있어서 비가 스며들지 않았지.

나의 살던 고향은

'쿵쿵이'의 고향은 북극 끝자락에 있는 추운 초원이었어. 북유럽과 시베리아에서 가까운 곳이었지. '쿵쿵이'는 새로 맛볼 이끼를 온종일 찾아다녔대.

예민한 감각
털코뿔소는 시력이 좋지 않았지만 냄새는 아주 잘 맡았어. 게다가 털뭉치로 이루어진 코 뿔이 두 개여서 눈 속에 있는 먹이를 찾아 파헤치기 쉬웠지. 내가 엄니를 쓰는 것처럼 말이야!

중앙난방
'킁킁이'의 위에는 풀과 잎을 잘 소화할 수 있게 도와주는 몸에 좋은 박테리아가 있었어. 음식을 먹으면 위에서 열이 나와 몸속이 따뜻해졌지.

귀하신 몸
털코뿔소의 흔적은 쉽게 찾을 수가 없었어. 그런데 아주 잘 보존된 두개골이 히말라야산맥에서 발견되었지. 아마 죽자마자 바로 얼어서 다른 동물들이 먹을 수 없었나 봐.

큰뿔사슴
뿔 왕관 무거버

아일랜드

'무거버'는 정말 농담을 잘했어. 150만 년 전에 처음 아일랜드에 나타났을 때 엘크(북유럽이나 아시아에 사는 큰 사슴-옮긴이)인 척했다지 뭐야. 우리도 나중에야 '무거버'가 큰뿔사슴인 걸 알고 얼마나 놀랐던지!
키가 2.1미터고, 몸무게가 600킬로그램이어서 존재감이 대단했어. 거기다 재미있고 잘 웃어서 모두 '무거버'를 사랑했지. '무거버'는 오늘날 아일랜드 성에 자기의 멋진 뿔이 걸려 있는 걸 보면 정말 배꼽 잡고 웃을 거야.

습지의 비밀

아일랜드의 습지와 호수 바닥은 뼈를 보존하기에 아주 좋아. 물은 산성이고, 온도는 낮고, 산소가 없기 때문이지. 그 덕에 큰뿔사슴의 화석이 많이 발견되었어.

이별의 시간

기후가 변하자 '무거버'가 사는 곳도 변했어. 초원이 숲이 되었고 '무거버'의 거대한 뿔은 자꾸 나뭇가지에 걸리기 시작했지. 큰뿔사슴은 점점 사라져 갔어.

강렬한 인상

큰뿔사슴의 뿔은 무게가 40킬로그램이나 나가고 양쪽 끝에서 끝까지 길이가 너희가 쓰는 침대 길이의 두 배 정도였지. 뿔은 매해 새로 났어. 암컷들에게 잘 보이기 위한 뿔이었지.

*쉿! '무거버'의 친척들이 6천 5백 년 전까지도 시베리아에 살았다는 소문이 있더라고.

자이언트 비버

우리와 두리

캐나다

'우리'와 '두리'는 빙하기에 가장 유명한 스포츠 스타였어. 둘이 수중 발레를 하면 관중들이 구름 떼처럼 몰려들었지. 홍적세 올림픽에서 금메달도 땄어!

'우리'와 '두리'는 몸길이가 2.5미터에 몸무게가 100킬로그램 정도였어. 육지에서는 좀 둔했지만 물에서는 재빨랐지. 설치류치곤 정말 우아했고 민첩했어. 오늘날 흑곰의 몸집으로는 상상할 수 없을 정도로 말이야.

날렵한 발
자이언트 비버는 납작하고 좁은 꼬리와 커다란 뒷발이 있어서 물속에서 속도를 내고 움직이기 쉬웠어.

하나밖에 모르는

자이언트 비버는 수영 말고는 아무것에도 관심이 없었어. 비버들 사이에서 댐 쌓는 열풍이 일어난 건 '우리'와 '두리' 다음 세대부터였지. 곰만 한 비버에게 충분한 크기의 댐을 만드는 걸 상상이나 할 수 있겠어?

기다란 이빨

'우리'와 '두리'도 다른 빙하기 스타들처럼 (물론 나를 포함해서) 채식주의자였어. 환한 미소와 식물을 갈아 먹기에 완벽한 이빨을 가졌지. 앞 이빨은 15센티미터로 길고 가늘었지만 끝부분은 둥글게 되어 있었어.

네안데르탈인을 만나다

빙하기 인기 스타들을 소개하는 이 책은 네안데르탈인이 없었으면 완성하지 못했을 거야. 네안데르탈인은 유럽과 아시아에서 40만 년 전에서 4만 년 전에 살던 사람들이지. 너희들과는 좀 다른 종족이지만 너희들 가족 계보를 거슬러 거슬러 올라가 보면 분명 친척이 있을 거야.

잘난 척 대장

네안데르탈인들이 멍청했다는 소문은 믿지 마. 실제로는 아주 똑똑했거든. 그들은 도구와 장신구도 만들었고, 불도 피웠고, 심지어 벽화도 그릴 줄 아는 예술적인 감성의 소유자들이었어. 숙련된 사냥꾼들이기도 했지!

라브레아 타르 웅덩이

미국 로스앤젤레스

내가 살던 시절엔 라브레아 타르 웅덩이는 정말 위험한 곳이었어. 경솔한 동물들이 이 웅덩이에 빠지곤 했지. 지하에서 천연 아스팔트가 올라왔는데, 한 번 빠지면 절대 나올 수 없었어. 완전히 가라앉을 때까지 몇 달이 걸렸어. 그사이 다른 포식자들이 사체를 먹으려고 덤비다가 함께 빠지기도 했지.

라브레아 타르 웅덩이에서 덩치가 큰 동물만 발견되는 건 아니야. 꽃가루, 벌, 잠자리 화석도 발견되었어. 과학자들은 작은 생명체로부터 기후, 생태계 그리고 먹이 사슬에 대한 자세한 정보를 알 수 있대.

빙하기 전문 용어

빙하기 전문 용어만 잘 알아도 빙하기 전문가가 될 수 있어!

갑옷 피부 - 적의 공격으로부터 보호하기 위해 비늘이나 뼈로 덮인 피부

겨울잠 - 동물이 겨울 동안 활동하지 않고 깊이 자는 일

날개폭 - 날개 한쪽 끝에서 반대쪽 끝까지의 길이

떼 - 함께 먹고 사는 동물 무리

먹잇감 - 다른 동물에게 사냥되어 먹이가 되는 것

멸종 - 생물의 한 종류가 아주 없어짐

복제 - 생명체를 똑같이 만들어 내는 과정

소화 - 음식을 쪼개어 몸에서 쓸 수 있는 상태로 변화시키는 일

아스팔트 - 까맣고 끈적끈적한 물질

온실가스 - 태양으로부터 에너지를 막는 대기 중 가스. 이산화탄소 등

육식 동물 - 동물의 고기를 먹고 사는 동물

조상 - 동물이나 식물이 진화해 온 앞선 형태

중신세 후기 - 약 1200만 년 전에 시작되어 약 530만 년 전까지 이어진 시기

진화 - 동물이나 식물의 일부가 시간이 지나면서 천천히 변하는 것

초식 동물 - 식물을 주로 먹고 사는 동물

충적세 - 홍적세 말기에 시작하여 현재까지 이어지는 시기

파충류 - 비늘이나 뼈판으로 덮여 있고 피가 차가운 동물로, 알을 낳음

포식자 - 다른 동물을 사냥해 먹는 동물

홍적세 - 약 260만 년 전에 시작되어 약 1만 1700년 전까지 이어진 시기

화석 - 지질 시대에 살던 동물이나 식물이 퇴적물에 남긴 흔적

후손 - 앞선 세대와 관련 있는 동물이나 사람

찾아보기

ㄱ
검치 연어 20-21
검치 호랑이 10-11
겨울 27, 46
과학자 7, 44-45
기간토피테쿠스 12

ㄴ
남아메리카 18, 24
네안데르탈인 8, 24, 31, 42

ㄷ
도에디쿠루스 18-19

ㄹ
라브레아 타르 웅덩이 44
러시아 26

ㅁ
먹잇감 11, 24, 30, 43, 46
멕시코 30-31
미국 10, 20

ㅂ
베링 사자 23
복제 9, 46

볼리비아 18, 28
북극 14, 36
북극 얼룩 다람쥐 26-27
북극권 27
북반구 6, 8, 27
북아메리카 22, 31
빙하기 6, 8, 16-17, 22, 40-42, 45

ㅅ
스페인 23
시베리아 36, 39

ㅇ
아르헨티나 32-33
아시아 42
아일랜드 38
알래스카 22, 31
영국 14
온실가스 6, 46
유럽 22, 36, 42
유콘 말 29
육식 동물 46
이리 28, 45

ㅈ
자이언트 땅늘보 24
자이언트 바늘두더지 34
자이언트 북극곰 14-15

자이언트 비버 40-41
자이언트 짧은얼굴곰 30
자이언트 테라톤 32
중국 12-13
중신세 후기 32, 46
중앙아시아 22

ㅊ
충적세 6, 46

ㅋ
캐나다 28, 29, 40
콜롬비아 16
큰뿔사슴 38-39

ㅌ
털매머드 7-9
털코뿔소 10, 36-37
티타노보아 16-17

ㅍ
파충류 17, 46
포식자 23, 34, 44, 46
프랑스 23

ㅎ
홍적세 6, 46
화석 29, 38, 44-46

마이크 벤튼 글

척추동물 고생물학 교수이자 브리스톨 대학의 고생물학 연구 그룹(Palaeobiology Research Group) 책임자입니다. 고생물학에 관한 교과서를 포함하여 50권이 넘는 책을 썼습니다. 『무러뜨더 티렉스의 가족 앨범』, 『털뭉치퀸 매머드의 스타 앨범』에 글을 썼습니다.

롭 호지슨 그림

영국의 디자이너이자 일러스트레이터입니다. 플리머스 대학에서 일러스트레이션을 공부했습니다. 현재 브리스톨에 살며 다양한 일러스트 작품과 책을 만들고 있습니다. 동물, 스케이트보드, 지각 심리, 색다른 장난감 모으는 것을 좋아합니다. 쓰고 그린 책으로 『동굴』이 있습니다.

이순영 옮김

강릉에서 태어나 자랐고, 한국외국어대학교에서 영어를 공부했습니다. 이루리와 함께 북극곰 출판사를 설립하고 책을 만들고 있습니다. 그동안 번역한 책으로는 『당신의 별자리』, 『사랑의 별자리』, 『안돼!』, 『곰아, 자니?』, 『공원을 헤엄치는 붉은 물고기』, 『똑똑해지는 약』, 『우리집』, 『한밤의 정원사』, 『바다와 하늘이 만나다』, 『우리 집에 용이 나타났어요』 등 30여 편이 있습니다.

북극곰 궁금해 시리즈 4

털뭉치퀸 매머드의 스타 앨범 빙하기 스타들의 비밀

2020년 3월 19일 초판 1쇄

글 마이크 벤튼 ǁ 그림 롭 호지슨 ǁ 옮김 이순영

책임편집 이지혜 ǁ 편집 이루리 ǁ 디자인 기하늘 ǁ 마케팅 최주연

펴낸이 이순영 ǁ 펴낸곳 북극곰 ǁ 출판등록 2009년 6월 25일 (제 300-2009-73호)

주소 서울시 마포구 독막로 320 B106호 북극곰 ǁ 전화 02-359-5220 ǁ 팩스 02-359-5221

이메일 bookgoodcome@gmail.com ǁ 홈페이지 www.bookgoodcome.com

ISBN 979-11-90300-36-0 77400 | 979-11-89164-60-7 (세트) ǁ 값 17,000원

Published by arrangement with Thames & Hudson Ltd. London,
Maisie Mammoth's Memoirs © 2020 Thames & Hudson Ltd, London
Illustrations © 2020 Rob Hodgson

This edition first published in Korea in 2020 by BookGoodCome, Seoul
Korean edition © 2020 BookGoodCome

이 책의 한국어판 저작권은 저작권자와의 독점 계약으로 도서출판 북극곰에 있습니다.
저작권법에 의해 한국 내에서 보호를 받는 저작물이므로 무단 전재와 복제를 금합니다.

「이 책의 국립중앙도서관 출판예정도서목록(CIP)은 서지정보유통지원시스템(http://seoji.nl.go.kr)과 국가자료공동목록시스템(http://www.nl.go.kr/kolisnet)에서 이용하실 수 있습니다. (CIP제어번호: CIP2019044159)

품명 : 양장 도서 | 제조자명 : 도서출판 북극곰 | 제조국명 : 중국 | 사용연령 : 3세 이상

안전표시 : 주의! 책의 모서리가 날카로우니, 던지거나 떨어뜨려 다치지 않도록 주의하세요.